China

klein & fein

a cook book

Die Originalausgabe erschien 2000 unter dem Titel *Petits Plats Chinois* bei Marabout, Paris.

Text, Übersetzung und Satz: Teubner Studio, Füssen
Rezept- und Umschlagphotos: Teubner Studio, Füssen
Layout: Marabout, Paris
Projektleitung: Marc Strittmatter
Produktion: Petra Roth
Umschlaggestaltung: Grafikhaus, München
Druck und Bindung: Sachsendruck GmbH, Plauen

ISBN 3-7742-5539-3

Gar-methoden

In vielen asiatischen Küchen hat sich der Wok, eine chinesische Erfindung, als wichtigstes Kochgeschirr etabliert. Er bietet vielseitige Möglichkeiten, Zutaten schonend und Energie sparend zu garen. In Asien und Europa werden unterschiedliche Woks hergestellt: Den traditionellen chinesischen Wok gibt es in verschiedenen Größen aus dünnem Eisenblech, wobei Modelle mit einem Durchmesser von 35 bis 40 cm eine optimale Wärmeverteilung gewährleisten.

Eine teurere Alternative ist ein Wok aus Gusseisen mit etwas dickeren Wänden – unversiegelt oder beschichtet. Er speichert Wärme gut, reagiert aber nicht so prompt auf Veränderungen der Hitzezufuhr wie ein traditionelles Modell. Darum eignet sich ein solcher Wok sehr gut für längere Garvorgänge, ist aber einem dünnwandigen beim raschen Pfannenrühren unterlegen.

Man sollte einen (guss)eisernen Wok ohne Beschichtung, der nicht ständig benutzt wird, vor Rostansatz schützen, indem man ihn sofort nach Gebrauch gründlich säubert, abtrocknet und mit etwas Öl einfettet.

Im Westen werden inzwischen dünnwandige Edelstahlmodelle angeboten, die durch mehrere Stahlschichten hervorragende Wärme leitende Eigenschaften besitzen und außerdem pflegeleicht sind.

Der traditionelle Wok mit seinem gewölbten Boden wurde für die offene Feuerstelle erfunden. Zusammen mit einem Standring eignet er sich auch für Gasherde. Woks aus Gusseisen und Edelstahl haben einen Deckel und sind meist mit einem Abtropfsieb ausgestattet. Für den Elektroherd eignet sich nur ein Wok mit flachem Außenboden.

Zum traditionellen Wokzubehör gehören eine Schöpfkelle aus Metall, ein scharfkantiger Bambusbesen, ein Schaumlöffel mit Bambusgriff, eine Wokschaufel sowie zwei lange Kochstäbchen.

Pfannenrühren im Wok

1

2

3

4

Der Wok wird in Asien für eine Vielzahl von Garmethoden verwendet. Für einige, wie das Frittieren und Dämpfen, sind herkömmliche Töpfe ebenso gut geeignet, bei anderen ist eine flache Pfanne dem Wok sogar überlegen. Doch eine für das asiatische Kochen zentrale Garmethode bedarf unbedingt des »reaktionsschnellen« Woks: das Pfannenrühren. Gemüse, Fleisch oder Fisch, in gleichmäßig feine Stücke geschnitten, werden in wenig stark erhitztem Öl unter ständigem Rühren gegart. Die Poren des Garguts schließen sich dabei rasch, sodass es während der äußerst kurzen Garzeit bei starker Hitze Saftigkeit und Nährstoffe behält. Bereits fertige Zutaten können am Wokrand warm gehalten werden, während man weitere Portionen brät.

Die in der Bildfolge gezeigte Zubereitung von Hühnchen mit Gemüse ist typisch für das Garen im Wok. In der Regel werden für 4 Portionen etwa 200 g Fleisch mit rund 350 g Gemüse sowie Saucen kombiniert.

Pfannenrühren im Wok

1 Öl in den erhitzten Wok gießen und durch rasches Schwenken verteilen.

2 Fein gehackten Knoblauch unter Rühren darin leicht Farbe annehmen lassen. In schmale Streifen geschnittenen Galgant oder Ingwer kurz mitbraten.

3 In feine Streifen geschnittenes Fleisch 2 bis 3 Minuten unter Rühren mitbraten.

4 Kurz bevor das Fleisch Farbe annimmt, den Wokinhalt mit etwa 3 EL dunklem Reiswein ablöschen.

5 In gleichmäßige Streifen geschnittenes Gemüse zugeben und 3 bis 4 Minuten pfannenrühren.

6 Saucenzutaten verrühren, esslöffelweise in den Wok geben und alles gut durchmischen.

7 Fein geschnittene Chiliringe mit den übrigen Zutaten verrühren und 1 Minute köcheln lassen.

8 Das fertige Gericht auf einer vorgewärmten Platte anrichten und zusammen mit Basmati-Reis servieren.

5

6

7

8

Frittieren im Wok

1

2

3

1 Das Öl im Wok erhitzen. Ein Stück Weißbrot hineinhalten, um die Temperatur des Öls zu prüfen. Wenn sich rund um den Brotwürfel Blasen bilden, ist das Öl heiß genug.

2 Die mit Glasnudeln und gewürztem Gemüse oder mit Hühnerfleisch, Garnelen und gewürztem Gemüse gefüllten Teigrollen vorsichtig in das Öl gleiten lassen.

3 Nach etwa 2 Minuten die Frühlingsrollen mit Hilfe von chinesischen Kochstäbchen wenden und weitere 1 bis 2 Minuten von der anderen Seite gleichmäßig frittieren.

4 Die fertig frittierten Frühlingsrollen mit einem in der asiatischen Küche üblichen Schaumlöffel herausheben, auf Küchenpapier legen und gut abtropfen lassen.

5 **Säubern des Woks:**
Vor Gebrauch den Wok erhitzen, Öl zugießen und die Pfanne mit Küchenpapier ausreiben.

6 Nach dem Gebrauch etwas heißes Wasser in den Wok gießen und ihn mit dem chinesischen Bambusbesen gründlich säubern.

4

5

6

Die passende Hitzequelle

Grundvoraussetzung für das Gelingen pfannengerührter Gerichte, die nach kurzer, aber maximaler Hitze verlangen, ist neben dem entsprechenden Gerät auch das Wissen um die richtige Hitzequelle. Sie muss so stark sein, dass die Zutaten auch wirklich in Windeseile garen. Für den traditionellen runden Wok ist das einfache Holzfeuer, auf das er in asiatischen Ländern auch heute noch gesetzt wird, hervorragend geeignet, da dieses eine extreme Hitze entwickelt. Anders sieht es beim Gasherd aus. Herkömmliche Flammen werden nicht heiß genug. Wer dennoch den Versuch wagen will, dem sei empfohlen, die Zutaten in kleinen Portionen zu garen. Früher war das echte »stir-frying« also in europäischen Küchen kaum zu realisieren. Inzwischen gibt es aber auch bei uns speziell für den Wok konzipierte Gasherde mit extrastarker Flamme oder den Edelstahlwok mit abgeflachtem Boden für den Elektroherd.

Räuchern im Wok:

1 Den Wok mit Alufolie auslegen und das Räuchermehl gleichmäßig etwa 2 cm hoch darauf verteilen.

2 Ein rundes Gitter in den Wok einlegen und mit einem in Form geschnittenen Stück Alufolie bedecken.

3 Die Folie etwas andrücken, festhalten und mit einer Fleischgabel mehrmals vorsichtig einstechen.

4 Das Räuchergut – hier Entenbrust – einlegen, den Wokdeckel auflegen und die Hitzequelle einschalten.

5 Die Stücke der Zeitangabe des Rezepts entsprechend räuchern; Entenbrüste beispielsweise sind in 30 bis 35 Minuten fertig.

1

2

3

4

5

Dämpfen im Wok

1

2

3

Eine sehr schonende Garmethode ist das in Asien weit verbreitete Dämpfen. Reis, Gemüse, Fleisch, vor allem aber auch Fisch, garen langsam im heißen Wasserdampf und behalten so Eigengeschmack, Nährstoffe und Struktur. Manchmal werden die Zutaten zuvor mariniert, und manchmal bringen Würzsaucen – während des Dämpfens über die Speisen geträufelt – das gewünschte Aroma. Dampf steigt in Asiens Küchen vornehmlich aus dem Wok auf und umströmt dabei das Gargut, das meist in speziellen Bambusdämpfkörben liegt. Von denen lassen sich mehrere übereinander stapeln und ermöglichen so das gleichzeitige und Energie sparende Garen verschiedener Speisen. Dämpfen kann man das Gargut aber ebenso gut, indem man es auf einem Teller im Wok platziert, 2/3 über dem Wasserspiegel. Für das Dämpfen in der europäischen Küche müssen nun nicht unbedingt Bambuskörbchen angeschafft werden, das Resultat beim Dämpfen im Edelstahltopf mit Dämpfeinsatz ist genau dasselbe.

Dämpfen im Wok:

1 Eine Unterlage in den Wok stellen – etwa eine Tasse, eine kleine Schüssel oder einen Dämpfkorb. Den Wok zu 1/3 mit Wasser füllen.

2 Eine Porzellanplatte mit den Zutaten auf die Unterlage stellen, den Deckel aufsetzen und die Hitzequelle einschalten.

3 Nach der Hälfte der Garzeit die Zutaten mit den Würzsaucen gleichmäßig beträufeln und im geschlossenen Wok fertig dämpfen.

Schmoren im Tontopf

Tontöpfe eignen sich sehr gut zum langsamen Schmoren. Es gibt sie in zwei Versionen: In Indien kommen irdene Töpfe ohne Glasur zum Einsatz. Seit jeher köchelt man in den südlichen Küstenregionen die säuerlichen Fischcurries in Terrakottatöpfen, weil darin die Säure nicht mit dem Material reagiert. Mit einer Innenglasur versehen sind dagegen die chinesischen »shaguos« – Tontöpfe, die manchmal noch zusätzlich mit einem Drahtgeflecht verstärkt sind. Für das Schmoren gilt dasselbe wie fürs Dämpfen: Weder für Curries noch für andere Schmorgerichte braucht es unbedingt spezielle Tontöpfe, moderne Edelstahltöpfe mit dickem Sandwich-Boden – wichtig, damit nichts anbrennt – sind ebenfalls gut geeignet.

Chinesische Hühnerbrühe

Diese feine Brühe ist die Grundlage vieler chinesischer Suppen. Ihr Geheimnis: die Kombination von Huhn und mildem, luftgetrocknetem chinesischem Schinken – beides ausreichend lange und bei niedriger Hitze gekocht. Doch statt des Hunan-Schinkens können auch andere Teile vom Schwein mit in den Topf kommen; so lässt sich eine ordentliche Suppengrundlage auch mit Schweinsfüßen oder Schweinebauch herstellen. Farbe und Geschmack der Suppe ändern sich dann allerdings entsprechend. Wie auch immer, nicht fehlen darf jedoch eine typisch asiatische Würzung, mit frischer Ingwerwurzel und getrockneter Tangerinenschale.

1 küchenfertiges Huhn von etwa 1,3 kg
300 g Hunan-Schinken
50 g Lauch
30 g frische Ingwerwurzel
1 Stück getrocknete Tangerinenschale (etwa 2 g)
2 EL Reiswein
1 TL Salz nach Belieben

Das Huhn unter fließendem kaltem Wasser innen und außen waschen, abtropfen lassen und in einen großen Topf legen. Den Hunan-Schinken in 2 Scheiben schneiden und weiterverfahren, wie in den ersten beiden Bildern rechts gezeigt. Inzwischen den Lauch putzen, waschen und in Ringe schneiden. Den Ingwer schälen, in dünne Scheiben schneiden und weiterverfahren, wie in den letzten beiden Bildern gezeigt.

1

2

3

1 Die Hunan-Schinkenscheiben zu dem Huhn in den Topf legen, 3 l kaltes Wasser zugießen und alles zum Kochen bringen.

2 Die Brühe etwa 2 Stunden bei geringer Hitze köcheln lassen, dabei immer wieder den aufsteigenden Schaum abschöpfen.

3 Nach 2 Stunden Kochzeit die Lauchringe, die Ingwerscheiben sowie die getrocknete Tangerinenschale zufügen. Den Reiswein zugießen, nach Bedarf salzen und die Hühnerbrühe noch 1 weitere Stunde bei geringer Hitze köcheln lassen.

4 Nach insgesamt 3 Stunden ist die Brühe fertig. Vom Herd nehmen und durch ein feines Sieb passieren.
Ergibt etwa 2 l Brühe.

4

China-Frühlingsrollen

Die hauchdünnen Teigblätter für Frühlingsrollen sind inzwischen bei uns nicht nur in Asienläden, sondern auch in manchem Supermarkt tiefgekühlt erhältlich. Bekommt man sie dennoch nicht, ist griechischer Filloteig ein geeigneter Ersatz. Wie auch immer, gut schmeckt in jedem Fall eine würzige Dip-Sauce zu den frittierten Rollen. Etwa eine chinesische scharfe, süßsaure Chilisauce, die es fertig in Asienläden zu kaufen gibt. Oder man reicht ganz einfach Sojasauce dazu.

20 Teigblätter für Frühlingsrollen (20 x 20 cm)
50 g Glasnudeln
2 EL Erdnussöl
2 Knoblauchzehen, fein gehackt
2 Frühlingszwiebeln, in dünnen Scheiben
50 g fein gewürfelte Möhre
100 g frische Mungbohnen
50 g Stangensellerie, in feinen Streifen
300 g kleinere Garnelenschwänze, geschält, in Stücke geschnitten
1/2 TL Salz
2 EL Fischsauce
1 EL Austernsauce
1/2 TL gehackte Chilischoten
1 TL gehacktes Koriandergrün
1 Eiweiß, leicht verschlagen

Außerdem:
Pflanzenöl zum Ausbacken

Tiefgekühlte Frühlingsrollenblätter auftauen lassen. Die Glasnudeln 15 Minuten in lauwarmem Wasser einweichen, dann in 5 cm lange Stücke schneiden. 1 EL Öl im Wok erhitzen und den Knoblauch und die Frühlingszwiebeln unter Rühren darin braten. Das Gemüse zufügen und bei starker Hitze 2 bis 3 Minuten pfannenrühren. Warm halten. Das restliche Öl erhitzen, die Garnelen zufügen und 1 Minute pfannenrühren. Das Gemüse und die Glasnudeln untermischen. Mit dem Salz würzen. Die Saucen zugießen und die Chilischoten sowie das Koriandergrün einrühren. Die Teigblätter auslegen, je 2 EL der Füllung nebeneinander in die Mitte setzen, das Teigblatt darüber legen, die Ränder einschlagen und aufrollen. Das Ende mit Eiweiß bestreichen und festdrücken. Die Frühlingsrollen portionsweise im heißen Öl frittieren.

Dim sums

Schweinefleischigel

Unter dem Oberbegriff »Dim sums« werden in China pikante, süßsaure oder süße Häppchen zusammengefasst, die man üblicherweise als kleine Zwischenmahlzeit am Morgen oder frühen Nachmittag zu chinesischem Tee verzehrt. So unterschiedlich die Varianten im Geschmack auch sein mögen, immer umgibt eine äußere Reis- oder Teigschicht ein raffiniert abgeschmecktes Inneres.

120 g Klebreis
600 g mageres Schweinefleisch (etwa aus der Oberschale)
40 g rote asiatische Zwiebelchen, 1 Knoblauchzehe
1 EL Pflanzenöl, 1 TL Palmzucker
1 EL gehacktes Koriandergrün
3 EL helle Sojasauce
1 Eiweiß, 1 EL Reiswein
Salz, frisch gemahlener Pfeffer

Außerdem:
etwas Pflanzenöl zum Einfetten des Dämpfkorbs

Den Reis in einem Sieb unter fließendem kaltem Wasser waschen und über Nacht in kaltem Wasser einweichen. Abschütten und gründlich abtropfen lassen. Das Fleisch sehr fein hacken und kühl stellen. Zwiebeln und Knoblauch schälen und fein hacken. Das Öl in einer Pfanne erhitzen, Knoblauch sowie Zwiebeln darin mit dem Zucker bestreuen und glasig braten. Abkühlen lassen und mit dem Hackfleisch mischen. Koriander, Sojasauce, Eiweiß, Reiswein, Salz und Pfeffer gründlich unterkneten. Weiterverfahren, wie in der Bildfolge unten gezeigt.

Aus dem vorbereiteten Hackfleischteig mit angefeuchteten Händen etwa 28 Bällchen von jeweils 20 g Gewicht formen.

Den Reis auf einer Platte ausbreiten und die Bällchen darin wälzen, bis sie ringsum gleichmäßig mit Reis bedeckt sind.

Den Boden eines Dämpfkorbs mit Öl bepinseln und die »Igel« hineinsetzen. Den Dämpfkorb mit dem Deckel verschließen.

In einen zu 1/3 mit Wasser gefüllten Wok setzen. Aufkochen, die Hitze reduzieren. Die Igel 20 bis 25 Minuten dämpfen.

Teigtaschen mit Pilzfüllung

Für die Pilzfüllung:
10 g getrocknete Mu-err-Pilze
40 g frische Shiitake-Pilze
80 g Möhren
50 g Zuckerschoten
20 g Frühlingszwiebel
1 rote Chilischote
1 Knoblauchzehe
2 EL Pflanzenöl
50 g Maiskörner
2 EL helle Sojasauce
1 EL vegetarische Austernsauce
Salz nach Belieben

Für den Teig:
75 g Mehl
20 g Speisestärke

Außerdem:
etwas Pflanzenöl zum Einfetten des Dämpfkorbs

Beim Garen im Bambusdämpfkorb sollte man ab und zu den »Pegelstand« im Wok kontrollieren und bei Bedarf rechtzeitig etwas Wasser nachgießen, damit der Dämpfvorgang nicht unterbrochen wird.

Für die Füllung die Mu-err-Pilze 20 Minuten in lauwarmem Wasser einweichen. Von den Shiitake-Pilzen die harten Stiele entfernen, die Hüte in etwa 1/2 cm große Stücke schneiden. Die Möhren schälen, die Zuckerschoten putzen und beides etwa 1/2 cm groß würfeln. Die Frühlingszwiebel putzen und in feine Ringe schneiden. Die Chilischote halbieren, Stielansatz und Samen entfernen. Den Knoblauch schälen. Chili und Knoblauch fein hacken. Die Mu-err-Pilze abgießen, gut abtropfen lassen und klein schneiden. Das Öl in einem Wok erhitzen, Zwiebel, Knoblauch und Chili darin anbraten. Die Möhren 3 Minuten unter Rühren mitbraten, mit den Zuckerschoten und Mais weitere 2 Minuten pfannenrühren. Zuletzt die Pilze 1 Minute mitbraten. Mit Soja- und Austernsauce sowie Salz nach Belieben würzen.

Für den Teig das Mehl und 10 g Speisestärke in eine Schüssel sieben, 75 ml kochendes Wasser einrühren und die restliche Speisestärke unterkneten. Aus dem Teig etwa 12 g schwere Kugeln formen und diese auf einer bemehlten Arbeitsfläche zu Kreisen von etwa 8 cm Durchmesser ausrollen. Jeweils etwas Pilzfüllung in die Mitte der Kreise setzen. Den Teig darumschlagen und die Zipfel locker über der Füllung zu offenen »Körbchen« zusammendrehen. Die Teigtaschen auf den mit Öl bepinselten Boden eines Dämpfkorbes oder -einsatzes setzen und etwa 5 Minuten im Dampf garen.

Fruchtiger Salat
mit gegrillter Ente

Dieser zugleich süßsaure und scharfe Salat ist zwar etwas aufwändig in der Zubereitung, da für die Salatsauce zuvor eine spezielle Würzsauce hergestellt werden muss, lohnt aber die Mühe unbedingt.

2 Entenbrüste mit Haut (je etwa 300 g)
1 Mango (etwa 350 g)
1 roséfleischige Grapefruit (etwa 300 g)
1 Limette
1/4 Kopf Lollo rossa
1/4 Kopf Friséesalat
40 g Frühlingszwiebeln

Für die Marinade:
2 EL Erdnussöl
3 EL dunkle Sojasauce
2 EL helle Sojasauce
Saft von 1/2 Limette
1/4 TL zerstoßener Szechuan-Pfeffer
Salz

Für die scharfe, süßsaure Sauce:
2 Knoblauchzehen
150 g rote Paprikaschoten
5 thailändische rote Chilischoten
8 EL Reisessig
1/4 l Wasser, 400 g brauner Zucker
1/2 TL Salz

Für die Salatsauce:
Schale und Saft von 1/2 unbehandelten Limette
1 EL Blütenhonig (15 g)
1/4 TL Szechuan-Pfeffer
1/4 TL schwarze Pfefferkörner
1 Knoblauchzehe
1/4 bis 1/2 TL scharfe, süßsaure Sauce
5 EL Erdnussöl
Salz

Außerdem:
1 EL Koriander- und Pfefferminzblättchen

Für die Marinade alle Zutaten in einer Form gut vermischen. Die Entenbrüste von allen Seiten damit bepinseln und 30 Minuten zugedeckt in der Form kühl stellen.

Für die scharfe Sauce den Knoblauch schälen und grob hacken. Paprika- und Chilischoten waschen, längs halbieren, von Samen und Scheidewänden befreien und das Fruchtfleisch würfeln. Mit dem Knoblauch im Mörser zerreiben. Die Masse

Fruchtiger Salat
mit gegrillter Ente

in einem Topf mit Essig und dem Wasser aufgießen, Zucker und Salz einstreuen. Aufkochen und offen etwa 30 Minuten köcheln lassen, bis das Wasser verdampft und die Sauce sämig ist. Die Entenbrüste aus der Marinade nehmen, gut abtropfen lassen und auf den vorgeheizten Grill legen. Von jeder Seite etwa 6 Minuten grillen, dabei mit der restlichen Marinade bestreichen. Die Entenbrüste vom Rost nehmen und bis zur weiteren Verwendung abkühlen lassen.

Für die Salatsauce die Limettenschale in sehr feine Streifen schneiden. Den Limettensaft und den Honig in einer Schüssel verrühren, bis sich der Honig aufgelöst hat. Beide Pfeffersorten im Mörser zerstoßen. Den Knoblauch schälen und sehr fein hacken. Die Limettenschale, beide Pfeffersorten, den Knoblauch, etwas scharfe, süßsaure Sauce und das Erdnussöl mit dem Limettensaft verrühren und salzen.

Die Mango längs in 3 Teile schneiden, im mittleren liegt der Stein. Das Fruchtfleisch der beiden äußeren Backen mit einem Löffel im Ganzen auslösen und quer in Scheiben schneiden. Die Grapefruit filetieren. Dafür oben und unten einen Deckel abschneiden. Die Schale in Segmenten abschneiden, dabei auch die weiche weiße Schicht komplett entfernen. Die Frucht zwischen den Trennwänden einschneiden und die Filets auslösen. Die Limette waschen und quer in hauchdünne Scheiben schneiden. Die Salate putzen, waschen, gut abtropfen lassen und in mundgerechte Stücke zerteilen. Die Frühlingszwiebeln putzen und in dünne Ringe schneiden.

Die erkalteten Entenbrüste quer in Scheiben schneiden und fächerförmig auf Tellern anrichten. Die Mangostreifen, Grapefruitfilets und Limettenscheiben sowie die Salatblätter ansprechend daneben arrangieren. Mit Salatsauce beträufeln. Mit Frühlingszwiebelringen, Koriander- und Pfefferminzblättchen bestreuen.

Bittergurken fein gefüllt

In den asiatischen Landesküchen sowie in der Karibik und in Südamerika gehören die Bittergurken zum täglichen Angebot und werden meist für gemischte Gemüsegerichte verwendet. Als Einzelgemüse schmecken sie am besten gefüllt: Durch das Entfernen der Samen wird der bittere Geschmack der Gurke stark gemildert.

2 Bittergurken (je 400 g)
1 TL Salz

Für die Füllung:
250 g Heilbuttfilets
5 g frische Ingwerwurzel
1 Eiweiß
Saft von 1 Kaffir-Limette
Salz
150 g Garnelen ohne Schale
1 kleine Chilischote
80 ml eiskalte Sahne

Für die Paprikasauce:
160 g rote Paprikaschote
2 Schalotten
30 g Butter
2 TL brauner Zucker
1 TL Currypulver
50 ml Weißwein, 4 cl Reiswein zum Kochen (Mirin)
1 EL Kokosnusscreme
200 ml Sahne

Die Enden der Bittergurken abschneiden, die Früchte quer halbieren und den weichen Samenstrang im Inneren entfernen. Die Gurken innen und außen salzen und Saft ziehen lassen. In heißes Wasser legen und etwa 5 Minuten wässern, herausnehmen, abschrecken und gründlich abtropfen lassen. Die Fischfilets in grobe Würfel schneiden und in eine flache Form legen. Den Ingwer schälen und durch eine Knoblauchpresse drücken, mit Eiweiß sowie Limettensaft gut vermischen und salzen. Die Mischung auf dem Fisch verteilen. Für 10 Minuten ins Tiefkühlfach stellen. Das Garnelenfleisch würfeln. Chilischote halbieren, Stielansatz, Samen und Scheidewände entfernen und das Fruchtfleisch fein hacken. Den Fisch portionsweise in der Küchenmaschine pürieren, dabei nach und nach die eiskalte Sahne zugießen, bis eine glatte Farce entstanden ist. Die Garnelen- und Chiliwürfel untermischen und die Farce sofort in den Kühlschrank stellen.

Bittergurken fein gefüllt

Für die Sauce die Paprikaschote häuten. Dafür die Schote bei 220 °C im vorgeheizten Ofen backen, bis die Haut Blasen wirft, unter ein feuchtes Tuch oder in eine Plastiktüte legen und »schwitzen« lassen, anschließend die Haut von oben nach unten abziehen. Die Paprikaschote halbieren, Samen und Scheidewände entfernen und das Fruchtfleisch in Würfel schneiden. Die Schalotten schälen und fein hacken. In einer Kasserolle die Butter zerlassen und die Schalotten darin hell anschwitzen. Mit dem Zucker, dem Currypulver, dem Weiß- und dem Reiswein würzen. Die Kokosnusscreme einrühren und die Flüssigkeit bis auf 1/4 reduzieren. Die Sahne unter Rühren zugießen und alles einkochen lassen, bis eine cremige Sauce entsteht. Durch ein Sieb passieren, die Paprikawürfel untermischen und die Sauce warm halten.

In einem großen Topf Wasser auf 70 bis 80 °C erwärmen. Die Fischfarce in einen Spritzbeutel mit großer Lochtülle füllen und in die Bittergurken spritzen. Die Gurken in Folie wickeln, die Enden abbinden und in dem warmen Wasser 25 Minuten pochieren. Die Gurken herausnehmen, auswickeln und in Scheiben schneiden. Die Sauce auf vorgewärmte Teller verteilen und die Gurken auf der Sauce anrichten.

Pak-Choi gedünstet

Pak-Choi, eine chinesische Senfkohlsorte, gehört in Asien, insbesondere in China, Korea und Japan, zu den beliebtesten Gemüsearten. Er wird ganz unterschiedlich zubereitet: in Gemüsemischungen oder als Einzelgemüse. Dafür eignen sich ganz besonders die kleinen Pak-Choi-Sorten, die unter der Bezeichnung »Pak-Choi-Shanghai« oder »Taiwanese green« im Handel sind. Sie bedürfen nur einer sehr kurzen Garzeit. Eine geradezu ideale Garmethode für das wohlschmeckende Gemüse ist das kurze Dünsten in einer würzigen Sauce. In Asien wird dies im Wok gemacht, es muss jedoch nicht unbedingt die chinesische Universalpfanne sein, ein anderer Topf tut's auch.

600 g Pak-Choi
1/4 l Geflügelfond
1 EL dunkle Sojasauce
2 EL helle Sojasauce
2 EL Fischsauce
200 g rohe Garnelen ohne Schale
1 EL Speisestärke
2 EL Wasser
Salz
frisch gemahlener Pfeffer

Den Pak-Choi unter fließendem kaltem Wasser sorgfältig waschen, das Wurzelende nur gerade schneiden, damit der Kohl nicht auseinander fällt, und diesen längs halbieren. Den Geflügelfond zusammen mit der dunklen und der hellen Sojasauce sowie der Fischsauce verrühren und zum Kochen bringen. Die Pak-Choi-Hälften und die Garnelen zufügen, den Wok zudecken und alles 4 bis 5 Minuten kochen, der Kohl soll dabei knackig bleiben. Den Pak-Choi und die Garnelen mit einem Schaumlöffel vorsichtig aus dem Wok heben. Die Speisestärke mit dem Wasser anrühren, in den Wok gießen und die Sauce durch Aufkochen damit binden. Nach Belieben mit Salz und Pfeffer abschmecken.

Den Pak-Choi und die Garnelen in den Wok zurückgeben und vorsichtig unter die Sauce heben. Sofort servieren. Als Beilage bietet sich Reis an.

Choisum aus dem Wok

Verschiedene Kohlsorten sind in China traditionell geschätzt. Im Norden des Landes etwa legt jeder Haushalt einen Vorrat davon für die kalten Monate an, in denen nur wenig frische Ware zu hohen Preisen erhältlich ist. Das Klima in Südchina erlaubt dagegen sechs Gemüseernten pro Jahr, das heißt, hier ist Kohl stets in großer Vielfalt frisch zu haben. Eine der feinsten unter den chinesischen Sorten ist Choisum. In diesem Rezept liefert er die Grundlage für ein knackiges Gemüsegericht.

270 g Choisum
50 g Stangensellerie
50 g rote Paprikaschote
50 g Bambussprossen (aus der Dose)
50 g Shiitake-Pilze
1 Frühlingszwiebel, 1 kleine rote Chilischote
10 g frische Ingwerwurzel
1 Knoblauchzehe
2 EL Erdnussöl
2 EL helle Sojasauce
1 EL Fischsauce
Salz, gestoßener schwarzer Pfeffer
abgeriebene Schale von 1 Kaffir-Limette
100 g kleine gekochte Garnelen ohne Schale

Außerdem:
1 EL Koriandergrün

Den Choisum gut waschen und in etwa 4 cm große Stücke schneiden. Den Sellerie in etwa 5 cm lange Streifen schneiden. Die Paprikaschote von Samen und Scheidewänden befreien und das Fruchtfleisch würfeln. Die Bambussprossen abtropfen lassen und in Scheiben schneiden. Von den Pilzen die harten Stiele entfernen und die Hüte vierteln. Das Weiße der Frühlingszwiebel hacken und das Grüne in Ringe schneiden. Die Chilischote halbieren, Samen und Scheidewände entfernen und das Fruchtfleisch in Streifen schneiden. Ingwer und Knoblauch schälen, den Ingwer fein hacken, den Knoblauch in feine Scheibchen schneiden.

Im Wok das Erdnussöl erhitzen. Selleriestreifen, Paprikawürfel, Ingwer und Knoblauch darin unter ständigem Rühren leicht anbraten. Dann den Choisum, die Bambussprossen, die Shiitake-Pilze, die Frühlingszwiebel und die Chilischote unterrühren und durchbraten. Mit der Sojasauce, der Fischsauce, Salz, Pfeffer und der Limettenschale würzen. Die Garnelen zugeben und nur noch kurz durchschwenken. Das Gericht in Schälchen anrichten, mit Koriander bestreuen.

Gemüse aus dem Wok mit Wachteleiern

Pfannengerührtes Gemüse kommt in China täglich auf den Tisch. Für dieses Gericht vermischt man die verschiedensten Gemüsearten miteinander, welche dann mit Knoblauch, Zwiebeln und Gewürzen im Wok schonend pfannengerührt werden. Dazu passen die gekochten Wachteleier ganz hervorragend, aber genauso gut eignen sich gekochte, in Achtel geschnittene Hühnereier.

12 Wachteleier
2 Knoblauchzehen
1 Zwiebel
2 Frühlingszwiebeln
300 g Hokkaido-Kürbis
150 g Möhren
80 g Shiitake-Pilze
100 g Champignons
200 g Tomaten
3 EL Pflanzenöl
1 TL Tomatenmark
180 ml Gemüsefond
2 TL Ground bean sauce
2 EL vegetarische Austernsauce
Salz, frisch gemahlener Pfeffer
Korianderblättchen zum Garnieren

Die Wachteleier in einen Topf legen, mit heißem Wasser bedecken und 4 Minuten kochen. Herausnehmen und kalt abschrecken. Knoblauch und Zwiebel schälen, den Knoblauch in Scheiben schneiden, die Zwiebel fein hacken. Die Frühlingszwiebeln putzen und in Ringe schneiden. Den Kürbis schälen, die Samen entfernen und das Fruchtfleisch zunächst in 3 mm dicke Scheiben, dann in Rauten von 1,5 cm Kantenlänge schneiden. Die Möhren schälen, in 4 cm lange und 1/2 cm breite Stifte schneiden. Die Stiele der Shiitake-Pilze entfernen und die Hüte halbieren. Die Champignons putzen und vierteln. Die Tomaten blanchieren, häuten, Stielansätze und Samen entfernen und das Fruchtfleisch würfeln. Im Wok 2 EL Öl erhitzen und den Knoblauch, die Zwiebel und die Frühlingszwiebeln darin kurz anbraten. Den Kürbis und die Möhren zugeben, 4 Minuten pfannenrühren und das Gemüse herausnehmen. Das restliche Öl im Wok erhitzen, die Pilze darin 2 Minuten pfannenrühren und herausnehmen. Die Tomaten im Wok kurz anschwitzen, das Tomatenmark einrühren, mit dem Gemüsefond aufgießen. Die Bean sauce sowie die Austernsauce einrühren und alles 3 Minuten köcheln lassen. Die Wachteleier der Länge nach halbieren und vorsichtig mit dem Gemüse, den Pilzen und der Sauce mischen. Mit Salz und Pfeffer würzen, nochmals kurz erhitzen. In Schälchen anrichten und mit Korianderblättchen garnieren.

Choisum
und Paprika mit Reisnudeln

Die weißen Reisnudeln gibt es in unterschiedlichen Stärken – von Fadennudeln bis hin zu mehr oder weniger breiten Bandnudeln. Die Fadennudeln, auch »rice vermicelli« genannt, sind zum Beispiel hervorragende Suppeneinlagen oder lassen sich sogar roh frittieren. Die Bandnudeln dagegen kann man, wie im folgenden Rezept, gut mit Gemüse- oder Fleischgerichten aus dem Wok kombinieren.

Für das Gemüse:
20 g Mu-err-Pilze
200 g rote Paprikaschoten
200 g grüne Paprikaschoten
200 g Choisum
150 g Möhren
1 TL Sesamöl
3 EL Pflanzenöl
1 Chilischote, fein gehackt
100 ml Gemüsefond
3 EL vegetarische Austernsauce
1 EL dunkle Sojasauce
Salz, frisch gemahlener Pfeffer, Salz
1/2 TL Speisestärke

Für die Reisnudeln:
200 g breite Reisnudeln
Salz
3 EL Öl
1 EL dunkle Sojasauce

Außerdem:
vegetarische Shrimps zum Garnieren
Öl zum Frittieren

Die Pilze etwa 20 Minuten in lauwarmem Wasser einweichen. Herausnehmen, gut ausdrücken, je nach Größe halbieren oder vierteln. Die Paprikaschoten halbieren, Samen und Scheidewände entfernen und das Fruchtfleisch in 1,5 cm große Stücke schneiden. Den Choisum putzen, waschen und in Stücke schneiden. Die Möhren schälen, längs in 3 mm dicke Scheiben schneiden und aus den Scheiben Blütenformen von etwa 4 cm Durchmesser ausstechen; diese dann halbieren.

Die Reisnudeln in leicht gesalzenem, kochendem Wasser garen. Abseihen, kalt abschrecken und abtropfen lassen. Das Öl im Wok erhitzen und die Nudeln darin unter Rühren 1 bis 2 Minuten braten. Die Sojasauce untermischen. Die Nudeln mit einem Schaumlöffel aus dem Wok heben und beiseite stellen.

Choisum
und Paprika mit Reisnudeln

Das Öl für das Gemüse im Wok erhitzen und die Paprika- und Chilischoten, die Pilze und die Möhren 3 bis 4 Minuten darin pfannenrühren. Den Choisum 1 Minute mitbraten. Alles herausnehmen.

Gemüsefond sowie Austern- und Sojasauce in den Wok gießen, salzen und pfeffern. Die Speisestärke mit wenig Wasser anrühren und die Sauce damit binden, dabei einmal aufkochen lassen. Das Gemüse und die Nudeln wieder in den Wok geben und mit der Sauce vermischen. In der Zwischenzeit die vegetarischen Shrimps 2 bis 3 Minuten in kochendem Wasser garen, herausnehmen und etwas abkühlen lassen. Kurz vor dem Servieren in heißem Öl frittieren und mit der Gemüse-Nudel-Mischung auf Tellern anrichten.

Tofu-Taschen

Der Wasserkastanie, einem Riedgrasgewächs, kommt in ganz Ostasien, vor allem aber in China, eine große kulinarische Bedeutung zu. Sie gehört botanisch zwar einer anderen Gattung an als die Esskastanie, doch schmeckt sie ganz ähnlich. Kultiviert werden die süßlichen, an den Wurzeln der Pflanze wachsenden Knollen mit ihrem festen Fruchtfleisch in stehenden Gewässern und müssen in mühsamer Handarbeit geerntet werden. Da es Wasserkastanien bei uns ganz selten frisch zu kaufen gibt, kann in diesem Fall auch auf Konserven zurückgegriffen werden: dann genügen 100 g.

Für die Füllung:
30 g getrocknete Shiitake-Pilze
3 Knoblauchzehen
80 g Frühlingszwiebeln
150 g Möhren, 100 g Lauch
200 g Wasserkastanien
3 EL Pflanzenöl
100 g Mungbohnensprossen
Salz, frisch gemahlener Pfeffer
3 EL vegetarische Austernsauce
4 EL helle Sojasauce
350 g Tofu
1 Ei

Für die Erdnuss-Sauce:
1 rote Chilischote
100 g geröstete Erdnusskerne
10 g frische Ingwerwurzel oder 1/4 TL gemahlener Ingwer
2 EL Pflanzenöl
1/4 l Kokosmilch
Saft von 1/2 Limette
4 EL helle Sojasauce
1/2 TL Palmzucker, ersatzweise brauner Zucker
Salz, frisch gemahlener schwarzer Pfeffer

Außerdem:
12 Frühlingsrollenblätter (25 x 25 cm)
1 Eiweiß
Pflanzenöl zum Ausbacken

Tofu-Taschen

Die Shiitake-Pilze 20 Minuten in heißem Wasser einweichen. Herausnehmen, gut ausdrücken, die harten Stiele entfernen und die Hüte in Streifen schneiden.

Den Knoblauch schälen und fein hacken. Die Frühlingszwiebeln putzen und in dünne Ringe schneiden. Die Möhren schälen, den Lauch putzen und beides in feine Streifen schneiden. Die Wasserkastanien vorbereiten, wie unten gezeigt.

Das Öl im Wok erhitzen, den Knoblauch und die Frühlingszwiebeln darin anschwitzen. Möhren und Lauch 1 Minute mitbraten. Die Wasserkastanien zufügen und 2 Minuten pfannenrühren. Die verlesenen Bohnensprossen untermischen, mit Salz, Pfeffer und den Saucen würzen. Alles in eine Schüssel füllen und erkalten lassen. Inzwischen den Tofu sehr klein würfeln und zusammen mit dem verquirlten Ei zur Gemüsemasse geben, gut vermischen und abschmecken.

Für die Erdnuss-Sauce die Chilischote halbieren, Stielansatz, Samen und Scheidewände entfernen und das Fruchtfleisch in feine Streifen schneiden. Die Erdnüsse in einem Mörser fein zerstoßen. Die Ingwerwurzel schälen und fein reiben. In einem Topf das Öl erhitzen, Erdnüsse und Ingwer darin bei mittlerer Hitze unter ständigem Rühren 2 Minuten braten. Kokosmilch, Limettensaft, Sojasauce, Palmzucker und Chilistreifen zugeben. Die Sauce bei geringer Hitze unter ständigem Rühren etwa 5 Minuten köcheln lassen. Salzen und pfeffern.

Die Taschen füllen, wie unten gezeigt. Die fertigen Päckchen im heißen Öl in der Fritteuse knusprig ausbacken, kurz auf Küchenpapier abtropfen lassen, dann sofort servieren. Die Erdnuss-Sauce separat dazu reichen.

Die Teigblätter auf eine Arbeitsfläche legen und je 2 EL Füllung in die Mitte setzen. Die hintere Ecke über die Füllung klappen und die Ränder mit Eiweiß bepinseln. Die seitlichen Ecken darüber schlagen, die vordere Ecke mit Eiweiß bepinseln und die Tasche in der Art eines Briefumschlags verschließen.

Die Wasserkastanien waschen und mit einem scharfen Messer schälen. Den zähen Stielansatz entfernen und die Knollen in kleine Stücke schneiden.

Spargel und Pak-Choi

Der asiatische grüne Spargel kommt bei uns zumeist aus Thailand auf den Markt. Entdeckt man ihn, sollte man zugreifen – für aromatische Gemüsegerichte wie das folgende ist er ideal.

400 g Pak-Choi
400 g dünner grüner Spargel
10 g frische Ingwerwurzel
30 g asiatische rote Zwiebelchen oder Schalotten
1 Knoblauchzehe, 80 g Frühlingszwiebeln
2 kleine Chilischoten oder 1 TL Chilipulver
250 g Klebreis, Salz
4 EL Pflanzenöl
frisch gemahlener Pfeffer

Für die Würzsauce:
abgeriebene Schale und Saft von 1/2 Limette
1 TL gehacktes Koriandergrün
100 ml Gemüsefond
3 EL helle Sojasauce
1 EL dunkle Sojasauce
3 EL Reiswein

Vom Pak-Choi die Wurzelenden abschneiden, das Gemüse waschen und quer in 1,5 cm breite Streifen schneiden. Den Spargel putzen und die Stangen in 5 cm lange Stücke teilen. Ingwer, Zwiebeln und Knoblauch schälen, fein hacken. Frühlingszwiebeln putzen und in feine Ringe schneiden. Die Chilischoten von Stielansätzen und Samen befreien und in Ringe schneiden. Den Reis abbrausen und abtropfen lassen. 1/2 gesalzenes Wasser aufkochen und den Reis etwa 10 Minuten kochen. Vom Herd nehmen, sobald die Flüssigkeit völlig aufgesogen ist, und den Reis im geschlossenen Topf weitere 10 Minuten quellen lassen.

Alle Zutaten für die Würzsauce miteinander verrühren. Das Öl im Wok erhitzen und Ingwer, Zwiebeln sowie Knoblauch darin unter Rühren anschwitzen. Die Spargelstücke 2 Minuten mitbraten. Den Pak-Choi, die Frühlingszwiebeln und die Chiliringe zufügen und weitere 3 Minuten pfannenrühren. Die Sauce zugießen und aufkochen, salzen und pfeffern. Das Gemüse mit dem Klebreis in Schälchen anrichten.

Gebratene Nudeln

Im Wok gebratene Nudeln, »fried noodles«, werden in vielen Regionen Asiens zubereitet – auch wenn das »Urrezept« wohl aus China stammt. Braten lassen sich fast alle asiatischen Nudelsorten, seien sie aus Weizen- oder Reismehl hergestellt. Und sie können mit Fleisch, Meeresfrüchten oder Gemüse kombiniert werden – ganz nach Lust und Laune.

200 g chinesische Nudeln
Salz
200 g Schweinefilet
150 g Tofu
2 Knoblauchzehen
1 rote Chilischote
40 g Frühlingszwiebeln
5 EL Pflanzenöl
50 g Mungbohnensprossen
30 g geröstete, gehackte Erdnüsse
Schale und Saft von 1 Kaffir-Limette
3 EL Fischsauce
1 TL Palmzucker
10 g getrocknete Shrimps, gemahlen
2 verquirlte Eier
1 EL gehacktes Koriandergrün

Die Nudeln in Salzwasser kochen, abschrecken und gut abtropfen lassen. Das Schweinefleisch in 1/2 cm breite und 5 cm lange Streifen schneiden. Den Tofu in 1 cm große Würfel schneiden. Den Knoblauch schälen und fein hacken. Ebenso die von Stielansatz und Samen befreite Chilischote fein hacken. Die Frühlingszwiebeln in 2,5 cm große Stücke schneiden. 4 EL Öl im Wok erhitzen. Nacheinander Fleisch und Tofu darin anbraten, anschließend herausnehmen. Den Knoblauch, die Chilischote und Frühlingszwiebeln im Wok anschwitzen. Fleisch, Tofu, Bohnensprossen und Erdnüsse kurz mitbraten. Mit der Limettenschale, dem Saft, der Fischsauce und dem Zucker würzen. Alles aus dem Wok nehmen und warm stellen. Den Wok auswischen. 1 EL Öl darin erhitzen und die Nudeln darin anbraten. Die gemahlenen Shrimps darüber streuen, gut durchrühren. Die Eier darüber gießen und unter Rühren stocken lassen. Mit Koriandergrün bestreuen.

Reisnudeln mit Gemüse

Ungezählte Beispiele beweisen, wie schmackhaft vegetarische Gerichte in den asiatischen Landesküchen zubereitet werden. Beim folgenden Rezept kommt es nicht unbedingt darauf an, wirklich alle der angegebenen Gemüsesorten zu verwenden: Variationen sind in jede Richtung möglich, letztlich das aktuelle Marktangebot. Nur auf Ausgewogenheit sollte man achten, denn gerade diese ist ein besonderes Merkmal der chinesischen Küche. Dafür kombiniert man Gemüsesorten von unterschiedlicher Struktur – also weiche Gemüse mit solchen, die besonders knackig sind.

140 g mittelbreite Reisnudeln, Salz
50 g asiatische rote Zwiebelchen oder Schalotten
1 Knoblauchzehe
10 g frische Galgant- oder Ingwerwurzel
1 Stängel Zitronengras (nur das weiße Stück)
2 kleine Chilischoten
100 g Maiskölbchen
100 g Zuckerschoten
200 g kleine runde Auberginen
150 g rote Paprikaschoten
100 g Shiitake-Pilze
4 EL Erdnussöl
frisch gemahlener Pfeffer
1 EL gehacktes Thai-Basilikum

Für die Würzsauce:
100 ml Gemüsefond
2 EL Sojasauce, 2 EL vegetarische Austernsauce
1 EL Reiswein zum Kochen (Mirin)
1/2 TL Speisestärke

Außerdem:
kleine Blättchen Thai-Basilikum zum Garnieren

Die Reisnudeln in sprudelndem Salzwasser knapp al dente kochen, abseihen und kalt abschrecken. Die Zwiebelchen, den Knoblauch und den Galgant schälen und alles fein hacken. Das Zitronengras in feine Scheibchen schneiden. Die Chilischoten halbieren, Stielansätze, Samen und Scheidewände entfernen und das Fruchtfleisch in dünne Streifen schneiden.

Reisnudeln und Gemüse

Die Maiskölbchen 2 Minuten in sprudelnd kochendem Salzwasser blanchieren, abgießen, kalt abschrecken und quer halbieren. Die Zuckerschoten putzen. Die Auberginen von den Stielansätzen befreien und vierteln. Die Paprikaschoten halbieren, Stielansätze, Samen und Scheidewände entfernen und das Fruchtfleisch in 1,5 cm große Rauten schneiden. Von den Shiitake-Pilzen die harten Stiele entfernen und die Hüte je nach Größe entweder halbieren oder vierteln.

Für die Sauce in einer kleinen Schüssel den Geflügelfond, die Sojasauce und die Austernsauce, Reiswein und Speisestärke gut miteinander verrühren.

Das Öl in einem Wok erhitzen und die Zwiebeln, den Knoblauch, den Galgant, die Zitronengrasscheibchen und die Chilistreifen darin unter Rühren anschwitzen.

Erst die Maiskölbchen, kurz darauf die Zuckerschoten, die Auberginenviertel, die Paprikarauten und zum Schluss die Shiitake-Pilze zugeben und alles 5 bis 6 Minuten pfannenrühren. Die Würzsauce zugießen und einmal aufkochen lassen.

Die gekochten Reisnudeln vorsichtig untermischen und kurz erwärmen. Mit Salz und Pfeffer würzen und das gehackte Basilikum vorsichtig untermischen. Reisnudeln und Gemüse auf Tellern oder in Schälchen anrichten und mit einigen Blättchen Thai-Basilikum garnieren.

Auberginen, mit Tofu gebraten

Kleine, runde Auberginen, wie sie in Asien auf den Märkten überall zu finden sind, taugen, quer halbiert, am besten für dieses Gericht. Ob weiß, gelb, beige, violett oder gemasert, geschmacklich sind sie alle gleich. Bei uns bekommt man sie nur in speziellen Asien-Läden, doch man kann sich auch mit kleinen länglichen europäischen Auberginen behelfen, die man dann in Scheiben schneidet.

20 g getrocknete Mu-err-Pilze
250 g Tofu
2 EL helle Sojasauce
1 EL vegetarische Austernsauce
400 g kleine, runde Auberginen
150 g Zuckerschoten
150 g rote Paprikaschoten
50 g asiatische rote Zwiebelchen
4 EL Erdnussöl

Für die Würzsauce:
150 ml Gemüsefond
2 EL vegetarische Austernsauce
3 EL helle Sojasauce
1 TL Speisestärke
Salz
frisch gemahlener Pfeffer

Für den Reis:
250 g ungeschälter Basmati-Reis
Salz

Außerdem:
1 EL Korianderblättchen zum Bestreuen

Den Reis unter fließendem kaltem Wasser waschen. In einem Topf mit 600 ml leicht gesalzenem Wasser zum Kochen bringen. Die Hitze reduzieren und den Reis in 40 Minuten ausquellen lassen.

In der Zwischenzeit die getrockneten Pilze 30 Minuten in 1/8 l heißem Wasser einweichen und quellen lassen. Herausnehmen, leicht ausdrücken und je nach Größe etwas zerkleinern. Den Tofu in 1,5 cm große Würfel schneiden, in einer Schüssel mit Soja- und Austernsauce gut vermischen, 15 Minuten durchziehen lassen. Herausnehmen und abtropfen lassen. Die Auberginen von den Stielansätzen

Auberginen, mit Tofu gebraten

befreien und quer halbieren. Die Zuckerschoten putzen. Die Paprikaschoten halbieren, Stielansatz, Samen und Scheidewände entfernen und das Fruchtfleisch in Quadrate mit 1 cm Kantenlänge schneiden. Die roten Zwiebelchen schälen und fein hacken.

Das Öl im Wok erhitzen und die Tofuwürfel darin goldgelb braten, herausnehmen und beiseite stellen. Die Zwiebeln in dem verbliebenen Öl anschwitzen, anschließend die Auberginen zufügen und 3 Minuten pfannenrühren.Die Zuckerschoten, die Paprikawürfel und die Pilze zugeben und weitere 4 Minuten mitbraten. Den marinierten Tofu untermischen.

Für die Würzsauce den Gemüsefond, die Austern- und die Sojasauce mit der Speisestärke verrühren. In den Wok gießen und einmal aufkochen lassen. Mit Salz und Pfeffer würzen. Die Gemüse-Tofu-Mischung auf Tellern anrichten und mit Korianderblättchen bestreuen. Den Basmati-Reis separat dazu reichen.

Chinakohl-curry mit Garnelen

Wie bei allen pfannengerührten Gerichten aus dem Wok nimmt auch bei diesem Curry die Vorbereitung der Zutaten die meiste Zeit in Anspruch. Das korrekte Schneiden der einzelnen Gemüsearten ist dabei besonders wichtig, damit sie auch gleichmäßig gar werden. Das Garen selbst geht dann schnell vor sich.

100 g Schalotten, 2 Knoblauchzehen
80 g Zuckerschoten
150 g orange Paprikaschote
120 g gelbe Zucchini
400 g Chinakohl
1 EL Erdnussöl
2 TL fein gehacktes Zitronengras
2 TL fein gehackte frische Ingwerwurzel
6 g frische Kurkumawurzel, gerieben
1/4 l Gemüsefond, 1 EL Reiswein zum Kochen (Mirin)
2 EL helle Sojasauce, 1 EL Fischsauce
abgeriebene Schale und Saft von 1/2 Kaffir-Limette
200 g rohe, ungeschälte Garnelen
Salz, frisch gemahlener Pfeffer
1 TL Speisestärke, mit 1 EL Wasser angerührt

Außerdem:
4 hart gekochte Eier
1 EL Schnittknoblauchröllchen
Korianderblättchen zum Garnieren

Schalotten schälen und fein hacken. Knoblauch schälen und in Scheibchen schneiden. Von den Zuckerschoten die Stielansätze abschneiden. Die Paprikaschote halbieren, Stielansatz und Scheidewände entfernen und das Fruchtfleisch in 1,5 cm große Rauten schneiden. Die Zucchini putzen und in 1/2 cm dicke Scheiben schneiden. Den Kohl in Blätter teilen, waschen, abtropfen lassen und in 2 cm breite Streifen schneiden. Das Öl im Wok erhitzen, Schalottenwürfel und Knoblauchscheibchen darin bei mittlerer Hitze kurz anschwitzen. Zitronengras, Ingwer und Kurkuma unterrühren, mit dem Fond ablöschen und aufkochen lassen. Mit Reiswein, Soja- und Fischsauce, Limettenschale und -saft würzen. Zuckerschoten, Paprikarauten und Zucchinischeiben 4 Minuten mitköcheln. Die Garnelen weitere 3 Minuten mitkochen. Den Kohl 3 Minuten mitgaren, salzen und pfeffern.

Die angerührte Speisestärke in den Wok gießen und aufkochen lassen. Die hart gekochten Eier schälen und vierteln. Das Curry in Schälchen anrichten, mit den Eivierteln garnieren, mit Schnittknoblauchröllchen sowie Korianderblättchen bestreuen und sofort servieren.

Nudeln mit Tofu, Fleisch und Garnelen

Für Temperament sorgt bei dieser Variante der »fried noodles« die ausgeklügelte Würzung. Eine Chilischote bringt Schärfe – der die Kokosmilch allerdings ein wenig die Spitze nimmt – die Bohnensauce ein dezent malziges Aroma, die Fischsauce den Geschmack nach Meer und beide zusammen eine vermutlich ausreichende Portion Salz.

400 g chinesische Weizennudeln
Salz

Für die Fleisch-Garnelen-Tofu-Mischung:
250 g Tomaten
400 g Schweinefleisch
150 g Tofu
100 g Schalotten
1 rote Chilischote
4 EL Sesamöl
300 g Garnelen, geschält, ohne Darm
300 g Mungbohnensprossen
3/4 l Kokosmilch
4 EL Ground bean sauce
2 EL Fischsauce
1 TL Zucker
Salz

Außerdem:
2 EL Schnittlauchröllchen

Die Tomaten blanchieren, kalt abschrecken, häuten, von Samen und Stielansätzen befreien und achteln. Das Fleisch in 1,5 cm breite Streifen, den Tofu in Würfel von 2,5 cm Kantenlänge, die geschälten Schalotten in feine Streifen schneiden. Die Chilischote waschen, halbieren, Stielansatz, Samen und Scheidewände entfernen und das Fruchtfleisch fein würfeln.

Die Nudeln in sprudelnd kochendem Salzwasser in etwa 1 Minute knapp al dente kochen. Abseihen und abtropfen lassen.

Das Öl in einem Wok erhitzen und das Fleisch darin scharf anbraten. Die Garnelen, die Tofuwürfel, die Bohnensprossen, die Schalottenstreifen sowie die Chiliwürfelchen unter ständigem Rühren kurz mitbraten. Die Tomatenachtel unter Rühren kurz mitschwitzen. Kokosmilch, Bohnensauce und Fischsauce zugießen. Den Zucker unterrühren. Zuletzt die Nudeln zufügen und alles vorsichtig vermengen. Nach Belieben salzen. Das Gericht in Schälchen anrichten, mit Schnittlauchröllchen bestreuen und servieren.

Pikante Fischbällchen

Solche zarten Fischbällchen sind in den Küchen fast aller chinesischen Provinzen vertreten. An der Küste werden sie vor allem aus Mischungen von Fisch- und Garnelenfleisch zubereitet, im Binnenland mit dem Fleisch von Süßwasserfischen, beispielsweise dem Graskarpfen. Auch die Würzung ist von Region zu Region verschieden. Dieses Rezept stammt von der Insel Hainan, wo die Bällchen mit Currypulver und Minze pikant gewürzt werden.

400 g Filet vom Zackenbarsch
1 EL Reiswein
2 cm frische Ingwerwurzel
40 g Frühlingszwiebeln
1/2 TL Salz
1 Eiweiß
1 TL Currypulver
50 g frisch geraspelte Kokosnuss
1 grüne Chilischote, ohne Samen und Scheidewände
1 EL gehackte Pfefferminze
1 EL Pflanzenöl

Für die Brühe:
1 l Fischfond
einige Gewürznelken
30 g Frühlingszwiebeln
50 g milchsauer eingelegter Senfkohl

Das Fischfilet in Stücke schneiden und in einen Mixer füllen. Mit dem Reiswein beträufeln. Den Ingwer schälen, die Frühlingszwiebeln putzen, beides fein hacken und durch eine Knoblauchpresse über den Fisch drücken, der Saft soll das Fleisch aromatisieren. 1/8 l Wasser und das Salz zufügen. Alle Zutaten fein pürieren. Das Eiweiß, das Currypulver, die Kokosraspel, die Chilischote und die Pfefferminze zufügen und alles nochmals durchmixen. Die Masse in eine Schüssel füllen, mit Salz abschmecken und das Öl unterrühren. Aus dem Teig kleine Bällchen formen. Den Fond mit den Nelken in einem entsprechend großen Topf aufkochen, die Bällchen einlegen, die Hitze reduzieren und die Bällchen in der Brühe ziehen lassen, bis sie an die Oberfläche steigen – dann sind sie gar.

Inzwischen die Frühlingszwiebeln putzen und fein hacken. Den Senfkohl in feine Streifen schneiden. Beide Zutaten in die Brühe und alles weitere 3 Minuten ziehen lassen. Die Fischbällchen mit der Brühe in Schälchen oder in Suppenteller verteilen und sofort servieren.

Geräucherte Pomfrets mit Gemüse

Der »Silver pomfret«, der fast keine Gräten hat, dafür aber festes, schmackhaftes Fleisch, lässt sich eigentlich nach allen Garmethoden zubereiten. Besonders delikat schmeckt er aber frisch geräuchert. Dieses Rezept sieht vor, den Fisch selbst zu räuchern. Das kann man entweder in einem kleinen Spezialräucherofen machen oder auch in einem mit Alufolie ausgeschlagenen Wok (siehe Seite 7).

4 küchenfertige Silver pomfrets (je 400 g)
Salz, frisch gemahlener Pfeffer
4 Stängel Koriandergrün

Zum Räuchern:
1 EL Koriandersamen
1 EL schwarze Pfefferkörner
Räuchermehl

Für das Gemüse:
60 g Frühlingszwiebeln
1 Knoblauchzehe
1 rote Chilischote
40 g Stangensellerie
60 g Möhren
100 g Pak-Choi
350 g Shiitake-Pilze
2 EL Erdnussöl
50 g Mungbohnensprossen
80 ml Gemüsefond
2 EL helle Sojasauce
2 EL Reiswein
Salz
frisch gemahlener Pfeffer
1/2 TL Speisestärke
1 TL gehacktes Koriandergrün

Außerdem:
1 TL Schnittknoblauchröllchen

Die Fische unter fließendem kaltem Wasser waschen. Innen und außen salzen und pfeffern. Jeweils 1 Stängel Koriandergrün in die Bauchhöhlen legen.

Zum Räuchern Koriander und Pfefferkörner im Mörser zerstoßen, mit der vom Hersteller empfohlenen Menge Räuchermehl vermischen und in den Räuchertopf füllen, die Fische auf den Rost legen und das Gerät schließen. Die Heizquelle einschalten oder anzünden und die Hitze nach Vorschrift des Herstellers regulieren. Durch die Hitze

Geräucherte
Pomfrets mit Gemüse

verkohlt das Räuchermehl, und in dem sich entwickelnden Rauch gart der Fisch, wobei er gleichzeitig eine goldene Farbe und den unverwechselbaren Geschmack erhält. Die Räucherzeit beträgt etwa 20 Minuten.

Die Frühlingszwiebeln putzen und in dünne Ringe schneiden. Den Knoblauch schälen und fein hacken. Die Chilischote halbieren, Stielansatz, Samen und Scheidewände entfernen und das Fruchtfleisch in Streifen schneiden. Den Stangensellerie in feine Streifen schneiden. Die Möhren schälen und in feine Stifte, den Pak-Choi schräg in Streifen schneiden. Von den Pilzen die harten Stiele abschneiden, die Hüte je nach Größe ganz lassen oder halbieren.

Das Öl im Wok erhitzen und die Zwiebelringe, die Knoblauchwürfel und die Chilistreifen darin anbraten. Die Selleriescheiben und die Möhrenstifte einige Minuten mitbraten. Pak-Choi, Bohnensprossen und Pilze kurz mitbraten. Mit dem Gemüsefond aufgießen. Mit der Sojasauce, dem Reiswein, Salz und frisch gemahlenem Pfeffer abschmecken und 5 Minuten köcheln lassen. Die Speisestärke mit etwas Wasser anrühren, das Gemüse damit leicht binden und das Koriandergrün einstreuen. Die Fische mit dem Gemüse auf Tellern anrichten und mit Schnittknoblauch bestreuen.

Mariniertes
Huhn mit Erdnüssen

Schön zart wird das Huhn durch eine milde Marinade, würzig durch eine raffinierte Kombination aus Ingwer, Knoblauch, Sojasauce und Szechuan-Pfeffer. Die Beeren des aus Westchina stammenden Gelbholzbaums haben ein kräftiges, holzartiges, leicht betäubendes Aroma. Das Gewürz ist nicht mit dem uns bekannten weißen oder schwarzen Pfeffer verwandt. Szechuan-Pfeffer wird in der chinesischen Küche getrocknet – ganz oder gemahlen – verwendet. Er eignet sich besonders gut für Geflügelgerichte wie dieses.

400 g Hühnerbrust, ohne Haut
2 bis 3 getrocknete Chilischoten
1 TL Szechuan-Pfeffer
2 Frühlingszwiebeln
100 g Stangensellerie
30 g frische Ingwerwurzel, geschält
2 Knoblauchzehen
120 g geschälte Erdnüsse

Für die Marinade:
1 EL Reiswein
1 EL helle Sojasauce
1/2 TL Salz, 1 TL Speisestärke

Für die Sauce:
200 ml Hühnerbrühe
1 EL helle Sojasauce
1 TL Palmzucker, ersatzweise brauner Zucker
2 TL Zitronensaft
1 1/2 TL Speisestärke

Außerdem:
Öl zum Frittieren

Die Hühnerbrust unter fließendem kaltem Wasser kurz waschen, trockentupfen und das Fleisch in 2 cm große Würfel schneiden.

Die Chilischoten von Samen und Scheidewänden befreien und klein schneiden. Den Szechuan-Pfeffer grob zerstoßen. Frühlingszwiebeln und Sellerie putzen und waschen. Frühlingszwiebeln, Stangensellerie und Ingwer in feine Streifen schneiden. Die Knoblauchzehen schälen und in dünne Scheiben schneiden.

Mariniertes Huhn mit Erdnüssen

Für die Marinade den Reiswein, die Sojasauce, das Salz und die Speisestärke miteinander verrühren. Das Fleisch in eine flache Form legen und mit der Marinade übergießen, abdecken und an einem kühlen Ort 20 Minuten durchziehen lassen.

Für die Sauce alle Zutaten miteinander verrühren. In einem Wok das Öl bis zum Siedepunkt erhitzen und weiterverfahren, wie in der Bildfolge unten gezeigt.

Das fertige Gericht in Schälchen anrichten und servieren. Als Beilage passt hervorragend Reis.

1

2

3

1 Die Chilistücke und den Szechuan-Pfeffer auf einem Schaumlöffel im heißen Öl frittieren und beiseite stellen.

2 Die marinierten Fleischwürfel ebenso frittieren, bis sie weiß und fest sind. Rasch wieder herausnehmen.

3 Die Erdnüsse im Wok frittieren, bis sie eine leicht braune Farbe annehmen. Herausheben und auf Küchenpapier gut abtropfen lassen.

4 Das überschüssige Öl bis auf 2 1/2 EL abgießen und wieder erhitzen. Die Frühlingszwiebeln, den Sellerie, Ingwer und den Knoblauch darin anschwitzen. Fleisch, Chilistücke und Szechuan-Pfeffer zugeben.

5 Die Sauce angießen, unter Rühren aufkochen lassen.

6 Etwa 1 Minute unter ständigem Rühren köcheln lassen. Die frittierten Erdnüsse zufügen und alles gut vermischen.

4

5

6

Schweinefleisch süßsauer

Die kantonesische Küche ist im Ausland von allen Regionalküchen Chinas am besten bekannt. Das liegt darin begründet, dass im 19. Jahrhundert gerade aus Kanton viele Chinesen nach Amerika oder auch nach Europa ausgewandert sind. Einmal da, passten sie ihre Küchentradition den örtlichen Gegebenheiten an und machten sie dann etwa in Restaurants bekannt. Gerade süßsaure Gerichte sind dabei in einer Vielzahl von Variationen entstanden.

500 g Schweinefleisch aus der Oberschale
80 g Zuckerschoten
50 g Möhre
50 g Stangensellerie, Salz
2 Schalotten
2 Knoblauchzehen
1/2 rote Chilischote
4 frische Shiitake-Pilze
3 EL helle Sojasauce
1 EL Reisessig
1 EL Palmzucker
3 EL Erdnussöl
1 TL frisch geriebene Ingwerwurzel
1 TL Speisestärke
1/8 l Hühnerbrühe
frisch gemahlener Pfeffer
1 Messerspitze gemahlener Zimt
1/4 TL Fünf-Gewürze-Pulver

Außerdem:
etwas Koriandergrün
1 Frühlingszwiebel (nur der weiße Teil)

Das Schweinefleisch in 3 cm dicke Scheiben und diese in 1 cm breite Streifen schneiden. Das Gemüse putzen. Die Zuckerschoten in Rauten, die Möhre in feine Streifen und den Stangensellerie in dünne Scheiben schneiden. Die Gemüsescheiben in kochendem Salzwasser blanchieren. Anschließend in Eiswasser abschrecken, damit sie die Farbe behalten. Die Schalotten und den Knoblauch schälen und fein würfeln. Von der Chilischote die Samen und Scheidewände entfernen und das Fruchtfleisch in dünne, kurze Streifen schneiden. Von den Shiitake-Pilzen die zähen Stiele entfernen, die Hüte vierteln. Die Sojasauce mit dem Reisessig und dem Palmzucker verrühren.

In einem Wok 2 EL Öl erhitzen und das Fleisch unter Rühren portionsweise darin braten. Jeweils mit einem Schaumlöffel herausnehmen und warm halten. Das rest-

tliche Öl in den Wok gießen und bei nicht zu starker Hitze den Knoblauch, die Schalotten, die Chilistreifen und den Ingwer darin anschwitzen. Die Möhre zufügen, 1 Minute pfannenrühren, den Sellerie eine weitere Minute und anschließend die Zuckerschoten unter Rühren mitgaren. Zuletzt die Pilze mitbraten. Das Fleisch wieder einlegen und alles zusammen noch einmal durchbraten. Den Wokinhalt mit der Sojasaucenmischung ablöschen und etwas einkochen lassen. Die Speisestärke mit 2 EL Hühnerbrühe anrühren. Die restliche Brühe in den Wok gießen und gut durchkochen, mit der angerührten Speisestärke binden. Mit Salz, Pfeffer, Zimt und Fünf-Gewürze-Pulver würzen.

Das Gericht in Schälchen anrichten. Mit fein geschnittenem Koriandergrün und der in feine Würfel geschnittenen Frühlingszwiebel garnieren. Als Beilage passt körnig gekochter weißer Reis dazu.

Ente mit Kürbis

Neben reichlich Chili ist es der Szechuan-Pfeffer, der vielen Speisen im Westen Chinas einen unverwechselbaren Geschmack gibt. Dort wird dieses Gericht meist mit Moschuskürbis zubereitet. Sein Fruchtfleisch ist dunkelgelb und verströmt einen angenehmen Duft. Der Kürbis wird in allen tropischen Ländern angebaut und zeichnet sich durch seine Unempfindlichkeit gegenüber hohen Temperaturen und durch lange Haltbarkeit aus: Er lässt sich über Wochen, ja sogar Monate lagern. Falls ein Moschuskürbis bei uns nicht erhältlich sein sollte, kann er durch eine heimische Kürbissorte ersetzt werden.

4 Entenbrüste (je etwa 250 g)
2 rote Chilischoten
2 Frühlingszwiebeln
100 g Moschuskürbis
40 g rote Paprikaschote
60 g Stangensellerie
50 g Zuckerschoten
3 EL Pflanzenöl
1 Knoblauchzehe, geschält und gehackt
1/2 TL frisch geriebene Ingwerwurzel
2 EL helle Sojasauce
1 EL Reiswein
1 TL Zucker
60 ml Hühnerbrühe
1 EL Sellerieblättchen, in Streifen
1/2 TL Salz
1 EL Reisessig
1/2 TL grob gestoßener Szechuan-Pfeffer
1/2 TL Speisestärke

Die Entenbrüste unter fließendem kaltem Wasser waschen und trockentupfen. Anschließend häuten und in etwa 1,5 cm breite Streifen schneiden.

Die Chilischoten halbieren, Stielansätze, Samen und Scheidewände entfernen und das Fruchtfleisch in Streifen schneiden. Die Frühlingszwiebeln putzen und schräg in Ringe schneiden. Den Kürbis schälen, die Samen entfernen und das Fruchtfleisch zunächst in 3 mm dicke Scheiben und dann in dünne Stifte schneiden. Von der Paprikaschote Samen und Scheidewände entfernen und das Frucht-

Ente mit Kürbis

fleisch in etwa 1 cm große Würfel schneiden. Den Stangensellerie putzen und in etwa 5 cm lange, feine Streifen schneiden. Die Zuckerschoten putzen und in Rauten schneiden.

Das Öl im Wok erhitzen und das Entenfleisch darin portionsweise scharf anbraten, mit einem Schaumlöffel herausnehmen und warm halten. In dem verbliebenen Öl die Chilistreifen und die Frühlingszwiebelringe unter Rühren kurz anbraten. Die Kürbisstifte zufügen und 1 Minute mitbraten. Die Paprikawürfel, die Stangenselleriestreifen und die Zuckerschotenrauten nacheinander im Abstand von je 1 Minute zugeben und unter ständigem Rühren mitbraten. Den Knoblauch, den Ingwer, die Sojasauce, den Reiswein, den Zucker, die Hühnerbrühe, die Sellerieblättchen, das Salz, den Reisessig sowie den Szechuan-Pfeffer unter das Gemüse rühren.

Die Speisestärke mit etwas Wasser anrühren und die Gemüsemischung damit binden. Das gebratene Entenfleisch zufügen und 2 Minuten mitköcheln lassen, bis die Sauce etwas eindickt. Das Gericht abschmecken und in Schälchen servieren.